TABLEAU

SUCCINCT

DE CE QUI S'EST PASSÉ EN FRANCE DE PLUS REMARQUABLE,

Depuis le premier retour des BOURBONS jusqu'à la dissolution de l'assemblée du Champ-de-Mai.

Avis aux nouveaux députés des Colléges électoraux, et invitation à toutes les classes de citoyens d'aller efficacement au secours (et suivant ses moyens) du gouvernement paternel des Bourbons.

—

C'EST aujourd'hui surtout qu'on sent le malheur de n'avoir pas , en 1814 , suivi à la rigueur le plan d'un jugement supposé rendu par la cour des Pairs à la suite de la requête qu'on va lire. J'aurais, l'an dernier, rendu public l'un et l'autre, sans les vexations, en tout genre, qu'éprouvèrent ceux qui se vouèrent à la cause sacrée des Bourbons. Chacun sait qu'il ne fut permis à personne de signaler les agens du tyran , et quelque re-

1

commandables que fussent ceux qui épousèrent cette noble cause , on les réduisit au plus absolu silence; et les amis du meilleur des souverains souffrirent les mêmes calamités que sous le règne du brigand. Le machiavélisme de Buonaparte s'observait avec une rigueur désespérante ; il fut même défendu de trouver mauvais , que les acquéreurs de domaines nationaux , ces dévastateurs de châteaux et de forêts, se fussent engraissés aux dépens des malheureux qu'ils avaient fait proscrire ou condamner par leurs dénonciations. Un septembriseur était un honnête citoyen , tandis que le moindre délit était poursuivi avec une rigueur désespérante , par ceux mêmes qui avaient violé tous les droits. Cambacérès , Merlin , Turiau, Renault-d'Angeli, et mille autres assassins étaient des personnages recommandables, et bientôt il aurait fallu respecter en eux jusqu'à l'horrible meurtre de leur Roi. Le démagogue Carnot essaya sa justification par un écrit rendu public, et Renault traduit devant un tribunal, je ne sais pour quel délit, n'y trouva que des apologistes. Mais par qui fut-il jugé ? . . . . Un agioteur déhonté était un homme à la hauteur des nouvelles institutions. Les jeux mêmes, ces repairs de bandits , ces réunions de voleurs, furent consacrés par une loi authentique ; et ceux qui trafiquèrent si long-temps de l'espèce humaine, ces déhontés marchands de conscrits, trouvaient partout de puissans protecteurs ! Quelle en est donc la raison ? elle se trouve sans doute dans le partage des larcins. Chacun, suivant son grade, recevait exactement sa part du vol : de là, ces scandaleuses fortunes ; de là, ces orgies où la sueur du malheureux s'avalait délicieusement dans des vases d'or, tandis que toute la France buvait lentement le calice dans la coupe de l'infortune. Il fallut enfin que je trouvasse bien qu'un certain quidam apostat, nommé Lemoine, dénonciateur de mon frère et son bourreau, fût employé dans les burreaux de la sous-préfecture de mon arrondissement. Les honnêtes gens de 93 étaient partout et dans toutes les places. Dans un tel état de choses, faut-il donc s'étonner du retour du dogue au sein de ses élus ? Ne nous y trompons pas : jamais les complices du nouveau Néron ne se plairont sous le règne admirable du moderne Titus ? et dussè-je encourir l'adnimadversion des nombreux et trop sanglans partisans du vandalisme, je dirai qu'il fallait sapper l'édifice monstrueux jusqu'en ses fondemens ; je dirai que tant que ses institutions machiavéliques ne prendront pas d'autres formes et qu'elles resteront dans les mains de ceux qui nous dévorent depuis trop long-temps, la France ne sera jamais tranquille; je dirai qu'une nouvelle conspiration ourdie dans les cavernes ténébreuses du crime mettant fin à quelque détestable attentat, la France retomberait dans le gouffre d'où elle ne sortirait jamais; je dirai enfin qu'avec le retour de l'auguste famille des Bourbons, tout devait se régénérer et prendre une face nouvelle; et comme les tigres tiennent de race, de même les enfans de l'usurpation conserveront jusqu'au dernier souffle le souvenir de leur mère chérie.

Etait-il, en effet, prudent de croire que des gens qui ne se pardonnent pas à eux-mêmes les crimes qu'ils ont commis, penseraient que ceux qui en furent les victimes les oublieraient? Comment, après avoir si long-temps partagé l'autorité et les brigandages de leur maître, pourraient-ils s'arranger du régime paisible et juste du meilleur des souverains? Comment des armées habituées à vaincre le monde et à le ravager, pourraient-elles vivre dans leurs garnisons? Comment des chefs sortis de l'état le plus abject et dont l'élévation inouie et inconnue dans les fastes du monde, se contenteraient-ils long-temps d'une honnête et paisible retraite ? Comment donc s'imaginer que l'esprit remuant, vindicatif et ambitieux de Bonaparte, ne chercherait pas à franchir bientôt les limites de l'île d'Elbe pour ensanglanter de nouveau la terre ? Comment ces nombreux insectes sortis du cadavre dégoûtant de la révolution, protégés par les griffes meurtrières du vautour, pourraient-ils vivre sous l'aile protectrice de la colombe ? Comment cette foule de gens enrichis aux dépens des émigrés, des proscrits et des condamnés, pourraient-ils croire qu'on les laisserait jouir long-temps et paisiblement du fruit de leurs iniquités ? Comment les sbires qui firent exécuter, pendant quinze ans, les lois détestables touchant la conscription, et qui se faisaient des ponts d'or de leur place aux dépens des parens des infortunés conscrits, n'auraient-ils pas souhaité le retour de leur idole ? Comment, enfin, la police n'a-t-elle pas prévu ce retour ? on l'annonçait avec audace. Et à la honte de notre espèce, le plus savant comme le plus clément des Rois ne trouva parmi tant de Français en dignité, que des Tigelius et des Narcisses ! C'est cette inépuisable clémence qui fit connaître les détestables Ney et les Excelmans ! c'est elle qui enhardit ces bandits voués au tyran , ces scélérats qui depuis long-temps ont fait abnégation de tout principe de vertu, et par qui la moindre idée religieuse est tournée en ridicule ! Et Louis, moins fortuné qu'Auguste , ne trouva pas un Cinna ! . . . Mais , quel parti vont prendre ces éternels ennemis du genre humain ? que va faire Bonaparte ? Appeler bassement à son secours, en termes dignes de Marat, le peuple souverain de 93 ! convoquer le Champ-de-Mai , qu'il traitera bientôt comme fit Caligula du sénat romain ! faire une guerre d'extermination si on lui en donne le temps ! Et le Champ-de-Mai, que fera-t-il lui-même ? consacrer de nouveau la plus audacieuse tyrannie ! prêter stupidement serment au maintien de l'article 67 de l'acte additionnel aux constitutions , cet enfant du délire , cet avorton de la plus complète démence ! rétablir les lois affreuses de la conscription ! remettre en vigueur celles des suspects et des ôtages ! proscrire les royalistes, les gens paisibles ! provoquer et organiser la guerre civile ! dresser des échafauds ! lâcher les dogues ! ouvrir les prisons ! armer les fédérés des faubourgs , les peuples de 93 ! enfermer dans des villes fortifiées les plus déhontés partisans de la révolte ; faire la guerre à nos magnanimes alliés ! en être une seconde fois vaincus ! et attirer sur notre trop malheureuse patrie un million d'étrangers justement indignés, tous les fléaux à-la-fois, la peste, la guerre et la famine ! voilà en petit le tableau hideux des œuvres d'iniquité du Champ-de-Mai. Mais comment justifier tant d'audace?.. Et les prétendus députés qui composèrent cet assemblage énorme, vont-ils aussi, à l'exemple d'un des premiers tribunaux de France, nous dire que s'ils n'eussent pas accepté cette bête féroce, c'eût été livrer la France à l'anarchie. A l'anarchie!.. mais depuis quand et par quel renversement de principes cesse-t-on d'être anarchistes, lorsqu'audacieusement on s'en déclare les protecteurs ? Les Desèze et les Rosembo(1), qui repoussèrent avec mépris cet avorton du délire, sont donc les seuls anarchistes ! Et vous qui proscrivîtes de nouveau les Bourbons et qui renversâtes l'ordre social, qui êtes-vous donc ?.. N'est-ce pas par d'aussi misérables sophismes que Carnot cherchait à justifier ceux qui ont voté la mort? S'il ne se fut trouvé ni des Labé-

____

(1) L'un et l'autre pairs de France.

doyère, ni des députés au Champ-de-Mai, qu'auraient fait les conjurés ? réduit à leurs propres moyens, ils auraient sans doute abandonné leurs criminels desseins dès leur naissance. Si, par exemple, des représentans du peuple sous Louis-le-Grand avaient, en faveur des révoltés des Cévennes, trahi l'État jusqu'au pied du trône, je vous laisse à deviner quel eût été leur sort ? faites-vous à vous-mêmes l'application de celui qui vous est réservé . . . .

Supposons, au surplus, les armées de Bonaparte couronnées par le succès au mont Saint-Jean : dans cette supposition, iriez-vous aux pieds de Louis XVIII déposer vos sanglans trophées ? soyez vrais, serait-ce bien lui qui serait l'objet de vos nouveaux hommages ? et ceux qui applaudirent le 20 juin dernier au discours audacieux d'un Durbach, rappelleraient-ils aujourd'hui la famille contre laquelle l'assemblée du Champ-de-Mai vomissait d'aussi horribles imprécations ? Ces questions vous embarrassent, je le vois, et ne doutez pas qu'elles ne vous fassent long-temps regretter d'avoir tout-à-la-fois été l'âme et le principal instrument d'une conspiration sans exemple. Et ce qui étonnera le plus la postérité, ce sera d'apprendre que des traîtres

et des parjures, après la dissolution de leur assemblée illégale et monstrueuse, retournant dans
leurs provinces, y reprirent, sans façon, le rang
ou l'emploi dont ils jouissaient avant. L'histoire
n'offre nulle part tout-à-la-fois autant d'audace et
autant d'impunité. Dieu veuille que, comme
au temps du bon Henri, le pardon accordé à
l'assassin Chastel n'enfante pas de nouveaux Ra-
vaillac ! . . . .

Et vous, députés des nouveaux colléges électoraux, choisirez-vous encore des Félix Lepelle-
tier, des Dumolard et des Barrère ? Irez-vous
chercher nos représentans dans ces cavernes ténébreuses, digne refuge des Danton et des Marat ?
Je vous en demande pardon; mais, comme du
choix que vous allez faire, dépend le salut de la
France et la tranquillité de l'Europe, qu'il me
soit permis de vous dire, qu'il est temps de ne
fixer vos regards que sur des hommes vertueux
et dont la conduite, en révolution, fut irréprochable; n'alliez plus les partisans outrés de
l'ennemi du monde aux amis sincères des Bourbons et de la paix : qu'à vos yeux comme à ceux
de la morale, un brigand et un parjure soient des
êtres dangereux qu'il faille bannir de la grande

société; qu'une fausse idée libérale ne nous fasse pas oublier qu'ils ont à-la-fois sacrifié à leurs intérêts, le Roi, la patrie, la vérité, leurs consciences et leurs devoirs. C'est, en un mot, en ne nous donnant que des hommes probes, capables de seconder les vues paternelles et bienfaisantes du plus clément des monarques, que la France sortira du cahos où vingt-cinq ans de désordres l'ont plongée, et que vous mériterez l'insigne bienfait de vos immortels alliés qui vous l'ont rendu; c'est par des lois de répression, que l'on reformera cette nation, jadis le modèle de ses voisins, que cinq lustres d'anarchie ont démoralisée; et que l'on régénérera cette jeunesse indisciplinable, sans religion et sans frein, dont les cœurs trempés dans la bourbe révolutionnaire, n'ont de règle que leur volonté; c'est avec la verge de Thémis que l'on maintiendra les bandits de toute espèce et sous quels que masques qu'ils se présentent : n'oubliez pas encore que la trop longue impunité des coupables, enfanta tous les crimes, et que c'est essentiellement à ce relâchement dans l'exercice de la justice et de la religion, que les Français enchérirent en forfaits sur les brigands qui désolent le monde depuis les proscriptions de Marius.

(11)

J'ai vu naguère le moindre délit puni par la peine capitale , et dans l'auditoire du tribunal qui porta ce jugement , il y avait des délateurs , des parjures et des septembriseurs ! C'est ainsi que , depuis vingt-cinq ans , la justice distribue ses peines et ses récompenses . . . .

Représentez-vous le tableau hideux de ce qui s'est passé en France depuis l'assemblée des États-Généraux, que le trop infortuné Louis XVI de douloureuse mémoire ne convoqua que pour réformer les abus ; mettez sous vos yeux les scandaleuses opérations des assemblées qui se succédèrent et se détruisirent tour-à-tour ; voyez ce qu'ont fait pour la patrie les députés que la nation se donna sous le règne du tyran jusqu'à sa chute. Ecoutez hurler au Champ-de-Mai, les misérables débris de cette convention, (assemblage inoui de ce que la nature vomit de plus dégoûtant), tout-à-coup ressuscités pour remettre les Français sous le régime de Robespierre. Que la trop douloureuse expérience soit notre préservatif ; que les amis du Roi trouvent dans vos institutions nouvelles, un dédommagement à leur noble dévouement, et qu'enfin cette

dernière épreuve dont vous allez être les instrumens, prouve à l'Europe alarmée de nos divi-
sions, qu'il est encore en France de l'honneur
et des lumières.

Si chacun sait faire son devoir, à votre
exemple ; si les gens aisés veulent imiter le généreux dévouement de M. Gaulard, ancien no-
taire à Mantes, qui, l'an dernier, offrit de payer
au Roi, pendant quatre années, le double de ses
impositions directes et indirectes, qui effectua
ses premiers versemens en temps opportun, et
qui vient d'obtenir de son Excellence le ministre
des finances de continuer ainsi jusqu'à l'expira-
tion de l'époque qu'il s'est prescrite ; si les employés, depuis le premier commis des ministres
jusqu'aux garçons de bureau ; si ceux des admi-
nistrations départementales, receveurs-généraux
et particuliers, percepteurs ; si les juges, et surtout les gens de robe engraissés de longue main
aux dépens des malheureux; si les rentiers au-
dessus de 500 francs ; si les acquéreurs de domaines nationaux, les agioteurs ; prêteurs sur
gages, suivaient le noble exemple de Gaulard,
non-seulement la France serait sauvée, mais

encore florissante ; et ces derniers, en propor-
tionnant leur offrande à leur fortune, effaceraient
aux yeux de la postérité, l'odieux de leurs scandaleuses acquisitions. De ce dévoûment uni-
versel naîtrait la confiance, cette mère nourri-
cière du commerce, de l'industrie, des arts et
de l'agriculture, sources fécondes et intaris-
sables qui firent de la Hollande le magasin du
monde, et de l'Angleterre le première nation
de l'univers. Hâtons-nous donc de seconder les
vues bienfaisantes de notre divin monarque,
chacun de nous trouvera dans la paix, d'amples
dédommagemens à ses nouveaux sacrifices. Eh !
quel est le père qui, sous le règne du tyran,
n'aurait pas donné la moitié de sa fortune pour
sauver son fils conscrit, d'une mort inévitable ?
quelle est la famille honnête qui n'aurait pas tout
abandonné pour vivre en paix sous le règne des
Bourbons ? quel est enfin le commerçant qui
n'aurait pas donné la moitié de ses capitaux,
pour affranchir ses spéculations des chances
malheureuses , inséparables de l'état de désordre et d'anarchie sous lequel nous vivons depuis cinq lustres ? L'Etat est semblable à un corps
robuste, qu'une maladie pénible et longue met
sans force et sans mouvement, mais à qui d'habiles

médecins rendent bientôt la vigueur de midi du
son âge : de même la France par les seules in-
fluences des vertus de son Roi et de son heureux
climat, reprendra bientôt son rang parmi les
nations du premier ordre, qu'un aventurier sans
pudeur lui a fait perdre....

REQUÊTE par les gens de bien à nos seigneurs de la Cour souveraine des Pairs de France.

SUPPLIENT HUMBLEMENT les gens de bien, disant qu'il est de notoriété publique, que des factieux révoltés contre leur légitime souverain ont propagé et soutenu le système révolutionnaire qui, depuis vingt-cinq ans, trouble la moitié du monde; que ce détestable esprit n'a cessé de dominer dans les quatre parties de la France, et qu'en se portant à tous les excès, il créa ce colosse informe, nommé *République*; monstre qui, comme Saturne, dévora ses enfans; laquelle, après avoir imposé son joug infernal, se signala par l'horrible assassinat du meilleur des souverains; que les princes, leurs ministres, nobles, clergé, négocians, seraient proscrits, s'ils ne se soumettaient aux principes destructeurs du vandalisme ; qu'il fallait, sous peine de mort, faire preuve de ce qu'ils appelaient patriotisme ; que cette preuve ne s'acquérait que par un forfait, pourvu qu'il fût énorme ; que de nombreux jacobins s'assembleraient, affublés de bonnets rouges, symbole du sang qu'ils se promettaient de répandre, pour surveiller à leur sûreté commune ; qu'ils seraient dirigés par leur bonne mère de Paris, sous les auspices d'un comité appelé assez mal à propos, *Salut Public* ; que celui-ci armerait deux millions de bêtes féroces, pour dénoncer les délinquans, créerait un tribunal, le premier au monde qui se soit vautré dans le sang de ses victimes, après s'en être rassasié ; qu'une monnaie aussi légère que le vent serait inventée pour parer aux frais énormes auxquels tant d'innovations entraîneraient ; que ces feuilles légères serviraient la mauvaise foi des débiteurs, en se liquidant avec des fausses valeurs ; qu'elles dévoreraient les fortunes publique et particulières, faciliteraient la vente des domaines nationaux, ce gage précieux, ce garant de la dette publique ; qu'une mesure plus dévastatrice encore, aurait lieu sous le titre de *maximum*, création nouvelle et tout-à-fait digne

des anthropophages de la fin du dix-huitième
siècle ; que la vertu, l'honneur, l'équité et la
religion, sœurs divines, seraient bannies à perpétuité du territoire français ; qu'elles seraient
remplacées par trois furies qu'on nommerait,
Liberté, *Égalité*, *Fraternité*, noms vides de
sens, et qui, pour notre malheur, ne de-
vinrent que trop significatifs ; que quiconque
oserait résister à ce trio infernal, serait puni du
dernier supplice ; et que, pour le maintien et la
sûreté de la susdite république, il convenait que
le fils dénonçât son père, le valet son bienfai-
teur et son maître ; que ce n'était qu'à de semblables signes qu'on reconnaissait l'homme de
la révolution, le patriote par excellence. La
postérité ne croira jamais qu'un fils ait été à-la-
fois le dénonciateur de son malheureux père,
son juge et son bourreau ; ô temps abominables !...
que cette faction serait dévorée par la faction
qui lui succéderait, et que, par une fatalité at-
tachée à la révolution, cette dernière enchérirait
sur la première en barbarie ; et que par une suite
inouie de crimes et de forfaits inconnus dans
les fastes du monde, l'on arriverait à cette désas-
treuse époque de vendémiaire ; c'est-là où l'audace et la licence, allant le front découvert, né

garderaient plus de mesure , et qu'un étranger , sorti des antres sauvages de la Corse , fruit énorme d'une honteuse prostitution , s'empare- rait des pouvoirs , essaierait ses forces par une sanglante mitraillade , et deviendrait le chef des Sibarites , ravagerait l'Italie , proposerait l'ex- pédition d'Égypte , l'exécuterait. Ses succès et ses revers sont connus de tout le monde ; on sait aussi ce qui se passa à Saint-Cloud ; sa nomina- tion au consulat pour dix ans et bientôt à vie; son trop déplorable attentat sur la personne de l'in- fortuné duc d'Enguien , rejeton fameux de cet autre Achille , de ce héros qui défendit si vail- lamment sa patrie contre des ennemis nombreux et puissans , sous le siècle immortel de Louis-le- Grand. On connaît la prétendue conspiration de Moreau , Pichegru , et Georges ; ses suites sanglantes et abominables. C'est alors que la trop malheureuse France n'offrait plus à l'œil observateur, que le tableau hideux d'une vaste prison où chacun , en tremblant , déclinait son nom au sbire qui l'observait. On s'étonnera sans doute jusqu'à la dernière postérité, qu'elle ait pu résister à tant de calamités. Mais qui ne recon- naît pas la main de la providence , dans la con- servation des Bourbons pour être rendus ,

un jour, l'un à l'autre : c'est par de semblables actes que la divinité se fait connaître , et
malheur à l'insensé, dont le cœur corrompu
n'en sent pas toute la sublimité ! . . . C'est alors
encore qu'on usurperait le titre d'Empereur ,
et qu'à l'aide de cette loi dévastatrice , nommée
conscription , on formerait ces invincibles armées , qui , au lieu de désoler l'univers , en auraient été l'admiration , sous un chef plus expé-
rimenté et moins ambitieux; c'est par les ordres
de ce nouveau Tamerlan que tous les excès se
commirent , qu'on fit d'aussi énormes bévues et
qu'on armerait une flotte formidable pour opérer
en Amérique la déportation des amis du moderne
Turenne ; c'est encore par ses ordres qu'on fa-
briquerait ces frêles machines, avec l'aide des-
quelles on devait faire une descente chez cette nation spirituelle et magnanime, chef-d'œuvre inoui
de la plus haute folie ; c'est pourtant alors qu'on
reconnut son impuissance sur un élément où
l'audace ne peut rien , si elle n'est dirigée par
l'expérience; c'est à la suite de ses scandaleuses
inepties qu'on ferait déployer sur le continent ,
tout ce qu'une nation populeuse et brave à de
force pour dévaster la moitié de l'univers ; la
violence réglerait le sort des princes et des peu-

ples , qui deviendraient bientôt les tributaires du nouveau Gengiskan ; c'est d'après des succès in-concevables et multipliés , qu'on se crut un ins-piré, un autre Mahomet, qui, pour notre mal-heur, n'eut que trop de Séides ; c'est alors que ses satellites le surpasseraient en cruauté et que les mères éplorées verraient arracher de leur sein maternel leurs enfans chéris , pour être , par des sbires , jetés dans des prisons obscures et mal saines, confondus avec le forçat et le criminel , ne recevant pour aliment qu'un pain dur et noir que les flancs brûlans du vautour n'auraient pu digérer. On a vu par milliers ces victimes at-tachées deux à deux liées , et garotées, traînées par les routes, fendre les airs de leurs cris plain-tifs et lamentables , sans que les dogues qui les conduisaient s'appitoyassent sur leur malheureux sort. Les lois tyranniques contre ceux qui ose-raient donner asyle à ces infortunés, sont connues de tout le monde, et la postérité s'étonnera en-core ,q uand elle apprendra que les parens des conscrits devenaient responsables de ceux que le tyran avait fait tuer. Il n'est pas de famille en France qui ne se soit vue poursuivie et saisie dans ses biens pour n'avoir pu représenter son fils massacré à telle ou telle bataille. O temps af-

freux ! ô monstre impitoyable ! ô génie infernal !
n'êtes - vous venu sur terre que pour le malheur des humains ! C'est alors que par la plus
lâche , comme la plus détestable trahison , on
s'emparerait des Etats d'Espagne, crime nouveau
sans exemple , même chez les Nérons et les
Galba. C'est dans ce pays infortuné que le sang
humain se répandit par torrens et que les tigres
le burent avec délice ; mais c'est aussi alors que
la fortune changerait ses faveurs en revers, et que
les anarchistes verraient que leur héros n'était
pas invulnérable, et que quelque monstrueuses
tentatives qu'il essaierait depuis , il déclinerait
visiblement ; en vain ordonnerait-on le blocus
des ports de l'Europe, sous prétexte d'empêcher
toute communication avec la grande Bretagne,
projet insensé, qui n'a servi qu'à montrer la démence de son auteur , puisque soi-même, sans
pouvoir l'ignorer , on l'était sur tous les points
par des forces navales les plus sagement com-
binées. On se rappellera jusqu'à la dernière gé-
nération cet acte de la plus complète folie , par
lequel on ordonnait que des marchandises an-
glaises prises par des corsaires , juste fruit de la
plus haute vaillance et par cela même nationa-
lisées , seraient livrées aux flammes. Le cri d'in-

dignation fut générale ; mais les sbires étaient armés, il fallut courber la tête et se taire ; en vain fabriquerait-on des rois d'Espagne, de Hollande et autres lieux, stupides et bas valets du tyran, rois sans pouvoirs comme sans capacités, manequins couronnés tout-à-fait dignes de leur basse et obscure origine ; en vain réunirait-on la moitié du monde à la France, tous ces ridicules projets aussi mal conçus que mal combinés, n'ont servi qu'à préparer les désastres de Moskow, de Dresde, et la chute du tyran.

Pour quoi les supplians ont cru qu'il était de l'intérêt général de vous adresser cette requête, pour leur être sur ce pourvu ; ce considéré, Nos Seigneurs, il vous plaise ordonner que ceux qui ont servi et suivi avec un aveuglement stupide les partis qui, tour-à-tour, se déchirèrent dans le cours orageux de la révolution française, seraient mis sous la surveillance de la police, comme des instrumens toujours prêts à servir les factions, et condamnés au bannissement perpétuel, dans le cas où ils troubleraient de nouveau la tranquillité publique.

Que le tyran qui a opprimé le monde depuis l'époque fatale de vendémiaire, soit condamné à la peine de mort, et les siens au bannissement perpétuel, leurs biens acquis au trésor public.

Que le cousin Cambacérès, de hideuse mémoire, soit privé des deux organes, l'ouïe et la vue, pour avoir proclamé le tyran, assassiné Malet, ses compagnons d'infortune, et déshonoré l'espéce humaine par un goût dépravé et révoltant dans les rapports entre les deux sexes, si sagement établi par la nature, pour sa propagation; ses biens confisqués au profit du trésor royal.

Que le sénat du moderne Caligula soit à jamais rayé du tableau; que ceux de ses membres qui ont méchamment voté la mort, seraient condamnés à la peine du talion, et le surplus livré aux conscrits de 1811, 12, 13 et 14 (s'il en reste encore), pour par ceux-ci en être fait et disposé comme bon leur semblera; trop faible dédommagement des maux qu'ils ont soufferts. Leurs biens acquis au trésor royal.

Le Roi sera respectueusement supplié de licencier ses armées pour leur donner une nouvelle organisation, et ses alliés seront invités à lui laisser de suffisantes forces pour la sûreté de sa personne et celle de son royaume. Le Roi sera encore supplié de nommer une commission chargée de prendre scrupuleusement des renseignemens sûr la conduite des hommes placés par le tyran, afin de maintenir ou destituer suivant l'urgence; les juges ne seront point exceptés de cet examen salutaire. Les créatures de Tibère ont-elles jamais pu s'arranger du régime doux et paisible du bon Titus? non, sans doute; la sûreté de l'état dépend de cette mesure.

Les droits réunis seront supprimés, et il sera pourvu à leur remplacement. Le directeur-général sera condamné à lire, une fois le mois, l'un des procès-verbaux iniques faits par ses instructions, sur cette classe industrieuse de débitans d'eau-de-vie, vin et tabac; ses biens acquis au trésor royal; que ceux de ses subalternes qui ont vexé avec le plus de violence cette classe de marchands, comme la voie la plus propre pour arriver aux meilleures places, soient déclarés indignes de la confiance publique, et incapables d'occuper jamais aucun emploi.

Que ceux des juges trop dévoués au tyran, sous le vain prétexte de soutenir ce qu'ils appelaient dynastie naissante, jugeant à des peines accablantes et à des amendes ruineuses quiconque osait résister à telle ou telle administration qui le vexait, soient destitués comme ayant prévariqué.

Que les nouveaux traitans, sous la dénomination de fournisseurs, sous-fournisseurs, gardes-magasins, soient mis sous la surveillance de la police, pour avoir mal fourni, mal gardé et souvent diverti les denrées confiées à leurs soins. Les scandaleuses fortunes des fournisseurs acquises au trésor royal.

La vente des domaines nationaux, ainsi que l'a ordonné notre auguste souverain, sera consacrée ; mais, ne serait-il pas aussi convenable que juste, que les acquéreurs, de concert avec les agioteurs, prêteurs sur gages, etc., soient chargés d'une partie de la dette publique ? N'est-ce pas à leur égard user d'une très-grande clémence ? Ignorent-ils que la loi d'outre-lésion régit le monde depuis des temps immémorials ? Qu'ont-ils fait pour le Roi et pour l'État qui leur méritât plus de faveurs ? N'est-ce pas avec le produit de leur vandalisme qu'ils ont acquitté le prix de leurs acquisitions ? Est-ce en démolissant les châteaux, dévastant les forêts, qu'on mérite la bienveillance d'un gouvernement régénérateur ? Est-ce en rappelant à grands cris la bête féroce qui nous dévora quinze ans ? Est-ce....... Mais laissons au temps à mûrir ces questions, et à la sagesse à les résoudre.

Que les enfans des condamnés, pour leur attachement à la royauté, que ceux des émigrés, que
les émigrés, les proscrits, que tous ceux enfin
qui ont été victimes de la révolution, soient mis
sous la sauve-garde du gouvernement, pour qu'à
leur égard il soit pris telle mesure d'équité jugée
indispensable, afin de faire disparaître ce contraste
affligeant qui montre l'un jouissant paisiblement
du fruit de ses iniquités, et l'autre du malheur in-
séparable d'un noble et généreux dévouement.

Que le commerce soit spécialement recom-
mandé à notre auguste souverain, comme une
chose sans le secours de laquelle il ne peut y
avoir d'état florissant. Que ceux qui ont exercé
cette profession pendant le cours pénible et orageux de la révolution, et qui ont été engloutis
par la rapidité du torrent sans pouvoir s'en ga-
rantir, soient réhabilités après l'examen de leur
conduite : nulle prévoyance humaine ne devait
ni ne pouvait s'attendre que les choses seraient
portées à un si haut degré d'avilissement, de
désordre, et il serait cruel de laisser peser sur la
tête de tant de gens recommandables par leur
industrie, le poids de l'infamie, qui, dans des
temps heureux, serait le juste châtiment de ceux
qu'une inconduite ou une mauvaise gestion au-

raient précipités : cette mesure est d'autant plus indispensable, que les neuf dixièmes des commerçans en France sont dans cette déplorable position, et que ce qui leur reste est tous les jours la proie des suppôts de la justice, sans que le créancier en reçoive une obole.

Que l'agiotage et sa digne sœur l'usure soient condamnés à faire amende honorable la corde au cou, dans les villes où leur exécrable trafique aurait fait le plus de ravages, et bannis à perpétuité du territoire français.

Que cette foule de gens sous la dénomination d'hommes de loi, misérable filière par laquelle il faut passer pour arriver aux pieds des tribunaux, soit sévèrement réprimée, pour être plutôt le fléau des gens honnêtes et du commerce que leur soutien : n'est-il pas visible que le juste tribut de légitimes honoraires ne peut être l'aliment suffisant d'un luxe aussi effréné qu'insultant, mais bien plutôt celui de quelques pratiques clandestines et condamnables ! Tel client qui, pour son malheur, a besoin du ministère d'un huissier, ne croit pas entrer dans l'étude modeste d'un sergent, mais bien dans un salon somptueux d'un grand seigneur, décoré par la main des fées; la moindre recherche justifiera l'assertion. O siècle dépravé!.......

Que les ministres du tyran soient en exécration aux races présentes et futures, pour avoir, dans des rapports mensongers, trompé la France, notamment dans celui fait à la suite des déplorables expéditions de Moscou et de Dresde. La postérité pourra-t-elle jamais croire qu'ils aient osé vanter tout-à-la-fois l'auteur de semblables expéditions et les désastres qui en furent la suite, comme des chef-d'œuvres de l'art? Mais on sent bien ici qu'il fallait adorer l'idole qu'on s'était faite, ou briser la statue.

Que tous les gens en place, en quelque rang et en quelque lieu qu'ils se trouvent, et qui ont si long-temps lié leur fortune et leur existence aux succès de l'usurpation, misérables vandales stupidement admirateurs de l'aventurier, soient destitués et mis sous la serveillance de la police.

Qu'il soit ordonné un service solennel dans l'étendue du royaume pour le repos de six millions de conscrits impitoyablement massacrés depuis quinze ans, pour satisfaire les vues ambitieuses du moderne Tamerlan et le goût dominant de ses satellites, et qu'il soit adressé à leurs mal-

heureux parens des paroles de paix et de conso=
lation.

Que notre souverain soit enfin supplié d'accor=
der une amnistie générale pour tous ceux qui
n'ont eu que des torts d'opinion en révolution,
qui n'ont dénoncé personne, et qui ne se trouvent
pas compris dans la présente requête, sous la
condition expresse d'être plus circonspects à
l'avenir, sous peine d'être regardés comme perturbateurs du repos public, de tous dépens, dom=
mages et intérêts; et ferez bien. Ladite requête
signée *La Raison*, procureur, et gens de bien.

*Arrêt rendu sur la précédente requête, extrait
des registres de la cour souveraine des Pairs
de France.*

Vu par la cour la requête présentée par les
gens de bien, contenant que, depuis vingt-cinq
ans, l'Europe, et notamment la France, ont été
la proie d'hommes sans aveu, qu'il en est résulté
des maux incalculables, que ces mal intentionnés
sans pouvoir, sans mission, comme sans capacités politiques, se sont emparés de l'autorité par
la violence et par l'excès de tous les forfaits,
qu'ils créèrent ce colosse informe sous le nom
de république, que celle-ci enfanta trois mons-
tres qu'elle nomma liberté, égalité, fraternité;

que ce trio infernal enfanta à son tour deux millions de bêtes féroces qui se répandirent sur la
surface du globe pour y porter l'anarchie, prê-
cher le désordre et l'immoralité; que le temple
de Janus serait ouvert sur tous les points de leur
détestable domination; que les rois, les princes,
les nobles, les prêtres et les gens de bien seraient
tenus de se conformer à ces principes destructeurs,
sous peine de mort; qu'un autre trio aurait lieu
sous le nom de consulat pour être le dispensateur
des larcins communs; que le plus audacieux se
ferait élire empereur par la grâce de Dieu et la
vertu du diable; qu'il leverait à son gré des sol-
dats et des impôts; qu'un sénat pusillanime lui
serait dévoué et l'aiderait de toutes ses forces à
rendre ses peuples ses tributaires, et à dévorer
six millions de conscrits impitoyablement massacrés pendant le cours orageux de son règne san-
guinaire. Vu aussi l'assassinat de l'infortuné duc
d'Enguien, le procès inique de Moreau, Pichegru, Georges et consorts, ses expéditions d'Égypte,
de l'Amérique, sa violation de tous les droits en
Espagne, ses défaites de Moscow, Dresde et autres
lieux. Vu enfin les décrets ridicules par lesquels
il ordonnait le blocus des ports de l'univers et
mille autres actes, fruit de la plus complète folie

et qu'il est superflu de rapporter, étant connus de tout le monde : disons, ouï le rapport de messire Auguste, notre conseiller, et tout considéré, la cour condamne Bonaparte à la peine de mort, et sa famille au bannissement perpétuel; leurs biens acquis au trésor royal.

Condamne Cambacérès à perdre les deux organes, l'ouïe et la vue, pour les motifs déduits en la susdite requête; ses biens acquis au trésor royal.

Condamne à la peine du talion tous ceux qui ont voté la mort, et ordonnons que le sénat du moderne Caligula sera livré aux conscrits des années 1811, 12, 13 et 14, pour par ceux-ci eu être fait et disposé comme bon leur semblera; leurs biens acquis au trésor public.

Condamne à la déportation à perpétuité Régnault-d'Angély, Montalivet, Sieyes, Carnot, Barras, Barrère, Merlin, Turiot, Lavalette, Savary. . . . .

Leurs biens acquis au trésor royal.

Bannissons à perpétuité l'agio et sa digne sœur l'usure, après avoir fait amende honorable, et ordonnons que ceux qui, à l'avenir, seront reconnus pour faire ce détestable trafic, seront déportés en Sibérie.

Sa Majesté sera respectueusement suppliée de licencier ses armées de terre et de mer, pour être réorganisées sous une autre discipline. Ses alliés lui laisseront de suffisantes forces pour la sûreté de sa personne et de celle de son royaume. Et comme de l'oubli du passé dépend la tranquillité publique, Sa Majesté sera encore suppliée d'ordonner que tous les signes qui rappellent de douloureux évènemens, seront rayés.

Sont mis sous la protection du gouvernement des Bourbons, tous ceux qui ont été victimes de leur attachement à cette famille illustre, en quelque rang qu'ils se trouvent.

Recommandons à notre auguste souverain le commerce, cette branche essentielle sans laquelle il n'y a point d'état florissant; et que ceux qui ont été victimes des malheureux évènemens, dont la conduite est irréprochable, soient réhabilités; il est déplorable de voir peser sur la tête de tant de gens recommandables par leur industrie, le poids d'infamie qui ne doit être que le juste châtiment du désordre et de la mauvaise foi.

Très-humbles supplications seront faites à notre auguste Monarque, pour que les créatures

du tyran qui occupent des emplois, soient des-
tituées; l'expérience n'a déjà que trop prouvé de
quelle importance est cette mesure pour le salut
de l'état et la tranquillité publique.

Mettons sous la surveillance de la police ces
éternels perturbateurs du repos public, les partisans du désordre, les suppôts de la justice, les
officiers retraités, les employés destitués, les
acquéreurs de domaines nationaux, et tous ceux
dont les vœux indiscrets tendent au rétablisse-
ment de l'anarchie.

Ordonnons qu'un service solennel aura lieu
dans l'étendue du royaume pour le repos de six
millions de conscrits impitoyablement sacrifiés
pour satisfaire les vues ambitieuses du tyran. Il
sera adressé à leurs malheureux parens des paroles
de paix et de consolation.

Notre auguste souverain est enfin supplié d'ac-
corder une amnistie générale pour tous ceux qui
n'ont eu que des torts d'opinion en révolution,
sous la condition expresse d'être plus circonspects,
sous peine de tous dépens, dommages et intérêts.

MANDONS ET ORDONNONS, etc.

LABBÉ, *jeune.*

TABLEAU

TABLEAU

DE

LA RÉVOLUTION FRANÇAISE,

ET SES DÉPLORABLES SUITES.

POËME.

Quel est donc cet esprit qui déchire la France ?
Et quel excès, grand Dieu, d'audace et de licence ?
Jusques à quand dois-tu, monstre avide et pervers,
De ton haleine impure empoisonner les airs ?
Et d'un peuple vaillant, religieux, docile,
En feras-tu des ours et par cent et par mille :
Jusques à quand, enfin ! verrons-nous la terreur
Armer les bras sanglans de sa sœur la fureur ;
Près d'elle, sur son char, figurent la révolte,
L'ambition, l'orgueil et toute sa cohorte,
Le crime audacieux, la sombre impiété,
L'envie au regard loûche et la cupidité ;
Tous les maux à-la-fois que l'Enfer fit éclore
Ajoutés aux malheurs apportés par Pandore ;

Chacun par un forfait en révolution ,
Servit aveuglément son usurpation.
Un manant déhonté , tout barbouillé de fange ,
Digne écolier enfin de Cartouche et Saintange ,
Cet enfant du délire et de la liberté ,
Vole comme un Mandrin à l'immortalité ;
De la raison jamais ne connut l'équilibre
Et sous le poids des fers , il vous dit, je suis libre,
Citoyen , et Français , apôtre de Marat ;
Mais ces titres chez lui n'ont fait qu'un scélérat,
Un tigre ; et si tout mène au temple de mémoire ,
Robespierre , Barras figurent dans l'histoire ,
Néron , Caligula , Cambacérès , Couthon,
Lavalette et Renault, le grand ... dit-on ,
Et mille autres brigands échappés à ma plume,
Dont les moindres délits formeraient un volume.
L'infâme Turiau , par un assassinat,
Se fraya le chemin qui conduit au Sénat.
Fouquet , Merlin , Sieys , immolant leurs victimes,
Tombèrent tour-à-tour en de profonds abîmes :
Tels sont pourtant les fruits de l'usurpation.
Carnot, dit la chronique , est un autre Caton ;
Mais, si je m'en souviens, ce fut un régicide ;
N'a-t-il pas , au Sénat, consacré l'homicide ?
N'a-t-il pas condamné le meilleur des Rois ,
Et mis ainsi le comble au dernier des forfaits ?
N'a-t-il pas en tous lieux souffert le brigandage ?
Proscrit des sénateurs , provoqué le pillage ?
Ne se montra-t-il pas l'artisan de l'erreur ,
Avilit la vertu , soutint le délateur ?

Voulut que l'univers adorât son idole,
Que Paris par ses soins courût au capitole ?
En ces temps malheureux un valet effréné
Devenait le bourreau d'un maître infortuné.
J'ai vu, j'ai vu, seigneur, le vieillard, l'innocence,
Ainsi que des bandits, traînés à la potence !
Rien n'était respecté par ces hommes pervers,
Et le monde étonné fuyait dans des déserts ;
L'enfant dénaturé dénonçait son vieux père
Proscrivait lâchement sa vertueuse mère.
La France n'offrait plus qu'une vaste prison,
Où chacun, en tremblant, désavouait son nom,
Soupirant en silence après l'heure dernière,
Ne trouvant de salut qu'en fermant la paupière.
Au sein de ces horreurs, parut avec audace
Un monstre détesté, l'excrément de sa race ;
Son visage livide annonça la fureur,
Montrant à tous les yeux le cachet de son cœur ;
Son corps bas et rampant, sa démarche hautaine,
Traînent le léopard sous la figure humaine.
Aux conseils modérés, il fut toujours rétif,
Avare par instinct, fier et vindicatif,
Vain et impérieux, par accès de folie,
Traître chez l'Espagnol, cruel en Italie ;
Perfide avec les grands, jaloux, fourbe et brutal,
Tels sont les traits saillans du sordide animal ;
Pusillanime et lâche aux campagnes du Kaire :
On sait par quels exploits il ouvrit sa carrière;
On sait comment mourut l'infortuné d'Enguien ;
Il vengea sa défaite aux pieds du Krémelin.

Mais, comment revint-il des champs de Moscovie ?
Que nous rapporta-t-il ? l'horreur et l'infamie.
Sous des haillons caché, le fameux conquérant
Trompa tous les regards sous cet acoutrement.
C'est ainsi que partout ce cœur dur et sauvage
Abandonna les siens pour sortir du carnage ;
Et sans s'inquiéter des morts et des mourans,
Il revint égorger le reste des vivans.

Prenez pitié, grand Dieu, des malheurs de la France
Arrêtez, il est temps, la fureur en démence !
Et que le Corse enfin, ce brigand monstrueux,
Ne soit plus désormais qu'un tyran ténébreux.

C'est en vain qu'un Sénat veut embellir l'image :
Le trait perce et je vois l'auteur du brigandage,
Devant à des forfaits son élévation ;
Je ne vois, en un mot, qu'un insensé Néron,
Traînant avec éclat sa rage meurtrière
Aux deux extrémités de ce vaste hémisphère.

Je ne vois ici bas que d'obscurs assassins
Dans le débordement, partager ses larcins.
La discorde en tous lieux de sa bouche infernale
Proclame les hauts faits de ce Sardanapale,
Qu'il soit comme Attila des humain le fléau,
Que chacun trouve en lui son juge et son bourreau,
Qu'il invoque à grands cris les foudres de la guerre,
Que pour lui Jupiter lance encor son tonnerre,
Que les Dieux infernaux viennent à son secours,
Que les eaux, inondant les moissons d'alentours,
En se gonflant soudain entraînent avec elles
Rochers, palais, maisons, villes et citadelles ;

Que leurs flots cumulés offrent de vastes mers,
Pensant pouvoir bientôt maîtriser l'univers
Et hâter des Bourbons la défaite et la ruine ;
Qu'à ces fléaux encor il joigne la famine,
Qu'il ose renverser le trône de Louis,
Qu'il déchire en lambeaux la couronne des lys,
Que la loi des suspects dépeuple nos rivages,
Qu'il rappelle soudain les décrets des ôtages ;
Que l'excès forcené de son ambition
Mette à profit la loi de la conscription ;
Qu'il use de Séjan les grossiers artifices,
C'est un piége après tout qui cache tous les vices ;
Qu'il mande à son secours de nouveaux sénateurs
Ses dignes conseillers, ses bas adulateurs ;
Qu'il soit le favori de Mars et de Bellone,
Qu'il aiguise en secret l'arme de Tisiphone,
Qu'il s'associe encor l'épouvantable Ney,
Ce traître audacieux, ce soldat effréné,
Monstre que je dénonce à la race future
L'opprobre et le rebut de toute la nature ;
Qu'il y joigne bientôt de nombreux fédérés,
Les peuples de l'an trois en tous lieux conjurés,
Qu'il lâche des prisons les dogues, les Vendales,
Qu'il en fasse un amas de nouveaux cannibales ;
Heureux, heureux pourtant si ces illusions
Conduisent le vautour aux Petites-Maisons,
Et de là, tout sanglant sans égard et sans trève ;
Finir ses jours proscrits sur la place de Grève ;
Que ses membres épars en tous lieux détestés,
Empoisonnent les ours de leurs flancs empestés ;

Que tous ses partisans soient réduits en poussières,
Qu'ils soient la proie enfin des bêtes carnacières !
Effrayez ses pareils par cette inscription :
Sur ce sol malheureux régna Napoléon ,
Tigre qui se gorgea du sang de ses victimes,
Et qui mourut enfin méditant d'autres crimes.

FIN. I

DE L'IMPRIMERIE D'ABEL LANOE.

www.ingramcontent.com/pod-product-compliance
Lightning Source LLC
Chambersburg PA
CBHW061128050726
47594CB00005B/2140